17.

FEBRUAR

DAS IST DEIN TAG

DEIN STAMMBAUM

Urgroßvater

Urgroßmutter

Urgroßvater

Urgroßmutter

Großmutter

Großvater

VORNAME UND NAME:

....

GEBOREN AM:

....

UHRZEIT:

....

GEWICHT UND GRÖSSE:

....

STADT:

....

LAND:

....

Mutter

Ich

4

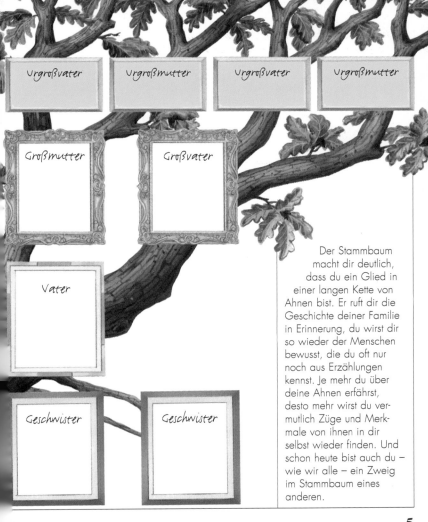

Urgroßvater   Urgroßmutter   Urgroßvater   Urgroßmutter

Großmutter   Großvater

Vater

Geschwister   Geschwister

Der Stammbaum macht dir deutlich, dass du ein Glied in einer langen Kette von Ahnen bist. Er ruft dir die Geschichte deiner Familie in Erinnerung, du wirst dir so wieder der Menschen bewusst, die du oft nur noch aus Erzählungen kennst. Je mehr du über deine Ahnen erfährst, desto mehr wirst du vermutlich Züge und Merkmale von ihnen in dir selbst wieder finden. Und schon heute bist auch du – wie wir alle – ein Zweig im Stammbaum eines anderen.

5

W as wären wir ohne unseren Kalender, in dem wir Geburtstage, Termine und Feiertage notieren? Julius Cäsar führte 46 v. Chr. den Julianischen Kalender ein, der sich allein nach dem Sonnenjahr richtete. Aber Cäsar geriet das Jahr ein wenig zu kurz, und um 1600 musste eine Abweichung von zehn Tagen vom Sonnenjahr konstatiert werden. Der daraufhin von Papst Gregor XII. entwickelte Gregorianische Kalender ist zuverlässiger. Erst nach 3.000 Jahren weicht er um einen Tag ab. In Europa setzte er sich jedoch nur allmählich durch. Russland führte ihn zum Beispiel erst 1918 ein, deshalb gibt es für den Geburtstag Peters des Großen zwei verschiedene Daten.

Die Zyklen von Sonne und Mond sind unterschiedlich. Manche Kulturen folgen in ihrer Zeitrechnung und damit in ihrem Kalender dem Mond, andere der Sonne. Gemeinsam ist allen Kalendern, dass sie uns an die vergehende Zeit erinnern, ohne die es natürlich auch keinen Geburtstag gäbe.

Die Erde dreht sich von West nach Ost innerhalb von 24 Stunden einmal um ihre Achse und umkreist als der dritte von neun Planeten die Sonne. All diese Planeten zusammen bilden unser Sonnensystem. Die Sonne selbst ist ein brennender Ball aus gigantisch heißen Gasen, im Durchmesser mehr als 100-mal größer als die Erde. Doch die Sonne ist nur einer unter aberhundert Millionen Sternen, die unsere Milchstraße bilden; zufällig ist sie der Stern, der unserer Erde am nächsten liegt. Der Mond braucht für eine Erdumrundung etwa 28 Tage, was einem Mondmonat entspricht. Und die Erde wiederum dreht sich in 365 Tagen und sechs

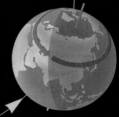

Stunden, etwas mehr als einem Jahr, um die Sonne. Das Sonnenjahr teilt sich in zwölf Monate und elf Tage, weshalb einige Monate zum Ausgleich 31 statt 30 Tage haben.

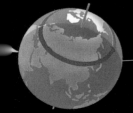

Die Erdhalbkugeln haben konträre Jahreszeiten.

Die Sonne, der Mond und die Planeten folgen festen Himmelsbahnen, die sie immer wieder an zwölf unveränderten Sternbildern vorbeiführen. Ein vollständiger Umlauf wird in 360 Gradschritte unterteilt. Die Sonne befindet sich etwa einen Monat in jeweils einem dieser Zeichen, was einem Abschnitt von 30 Grad entspricht. Da die meisten dieser Sternkonstellationen von alters her ihre Tiernamen erhielten, wurde dieser regelmäßige Zyklus auch Zodiakus oder Tierkreis genannt.

Schon früh beobachteten die Menschen, dass bestimmte Sterne ganz speziell geformte, unveränderliche Gruppen bilden. Diesen Sternbildern gaben sie Namen aus dem Tierreich oder aus der Mythologie. So entstanden unsere heutigen Tierkreiszeichen, die sich in 4.000 Jahren kaum verändert haben. Die festen Himmelsmarken waren von großem praktischen Wert: Sie dienten den Seefahrern zur Navigation. Zugleich beflügelten sie aber auch die Phantasie. Die Astrologen gingen davon aus, dass die Sterne, zusammen mit dem Mond, unser Leben stark beeinflussen, und nutzten die Tierkreiszeichen zur Deutung von Schicksal und Charakter eines Menschen

WIDDER: 21. März bis 20. April

STIER: 21. April bis 20. Mai

ZWILLING: 21. Mai bis 22. Juni

KREBS: 23. Juni bis 22. Juli

LÖWE: 23. Juli bis 23. August

JUNGFRAU: 24. August bis 23. September

WAAGE: 24. September bis 23. Oktober

SKORPION: 24. Oktober bis 22. November

SCHÜTZE: 23. November bis 21. Dezember

STEINBOCK: 22. Dezember bis 20. Januar

WASSERMANN: 21. Januar bis 19. Februar

FISCHE: 20. Februar bis 20. März

9

Den Tierkreiszeichen werden jeweils bestimmte Planeten zugeordnet: Dem Steinbock ist der Planet Saturn, dem Wassermann Uranus, den Fischen Neptun, dem Widder Mars, dem Stier Venus und dem Zwilling Merkur zugeordnet; der Planet des Krebses ist der Mond, für den Löwen ist es die Sonne. Manche Planeten sind auch mehreren Tierkreiszeichen zugeordnet. So ist der Planet der Jungfrau wie der des Zwillings Merkur. Der Planet der Waage ist wie bereits beim Stier Venus. Die Tierkreiszeichen Skorpion und Schütze haben in Pluto und Jupiter ihren jeweiligen Planeten.

Der Mond wandert in etwa einem Monat durch alle zwölf Tierkreiszeichen. Das heißt, dass er sich in jedem Zeichen zwei bis drei Tage aufhält. Er gibt dadurch den Tagen eine besondere Färbung, die du als Wassermann anders empfindest als andere Sternzeichen.

In welchem Zeichen der Mond heute steht, erfährst du aus jedem gängigen Mondkalender. An einem **Widder**-Tag kann plötzlich etwas Besonderes beginnen, aber es kann auch Scherben geben, wenn der Wassermann mit sich und seinen Gefühlen nicht im Reinen ist. Ein Tag, an dem der Mond im **Stier** steht, verleiht dem manchmal etwas exzentri-

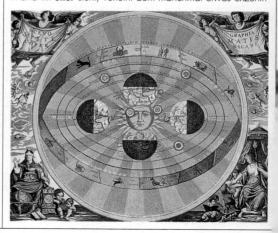

Unser Sonnensystem mit den neun Planeten

schen Wassermann mehr Gemütlichkeit als sonst. Der Mond im **Zwilling** aktiviert den Wassermann. Er setzt sich gekonnt und originell in Szene und wird so zum Mittelpunkt. Geht der Mond durch den **Krebs**, dann merkt man sogar dem distanziertesten Wassermann persönliches Mitgefühl an. Der Mond im **Löwen** ist für einen Wassermann die perfekte Verbindung von Intuition und Kreativität. An einem **Jungfrau**-Tag kann ein Wassermann endlich einmal herausfinden, ob er nicht vielleicht an der Wirklichkeit vorbei rebelliert. **Waage**-Tage machen einen Wassermann offen für Begegnungen. Steht der Mond im **Skorpion**, mangelt es dem Wassermann oft an Entscheidungskraft. Diese Szene kennt man: Ein übereifriger Cowboy springt aufs Pferd und fällt vor lauter Schwung auf der anderen Seite wieder herunter. Das könnte ein Wassermann an einem **Schütze**-Tag sein. Ist **Steinbock**-Zeit, dann entdeckt der Wassermann vielleicht, dass er die gleichen Rechte und Pflichten wie seine Mitmenschen hat. Wenn du als Wassermann an einem **Wassermann**-Tag eine tolle Idee hast, so ist das Tagesziel eigentlich erreicht. Es wäre aber zu prüfen, ob sie sich auch in die Tat umsetzen lässt. An **Fische**-Tagen liegen dem exotischen Wassermann alle zu Füßen.

11

Der typische Wassermann ist ein geistiger Pionier, ein brillanter und visionärer Denker. Sein Leitsatz lautet: »Ich sehe das Ganze!« Er ist sehr intelligent und aufgeschlossen, aber auch eigenwillig und mit einem angeborenen Widerwillen gegen Ungerechtigkeit ausgestattet, den er auch heftig äußert. Er lässt sich nicht leicht beeinflussen, hasst jedoch Streit, und wenn er in einen verwickelt wird, versucht er, ihn zu ignorieren.

Der Wassermann ist der große Träumer unter den Tierkreiszeichen. Die unter diesem Zeichen Geborenen sind sehr neugierig, schöpferisch, intuitiv und ihrer Zeit

oft weit voraus.
Die vom unsteten
Planeten Uranus be-
herrschten Wassermänner sind
sehr impulsiv. Jedes Tierkreiszeichen
wird in drei Dekaden mit jeweils
eigenen Charakteristika unterteilt.
Die Wassermanndekaden reichen
vom 21. bis 31.1., vom 1. bis 10.2.
und vom 11. bis 19.2. Allen gemeinsam ist aber ihr Streben nach Unab-
hängigkeit. Viele Freiheitskämpfer
und Rebellen sind Wassermänner.

Seine
Begeisterung für
große Pläne führt
andererseits dazu, dass
er sich nicht um praktische
Einzelheiten kümmert.
Den einzelnen Tierkreiszeichen werden unter anderem
bestimmte Farben, Pflanzen
und Tiere zugeordnet, die
als ihre Glücksbringer gel-
ten. Die Wassermannfarben
sind Kobaltblau,
Pistaziengrün
und alle fluo-
reszierenden
Farben; ihr Edelstein ist der
Amethyst, ihre Metalle sind
Nickel und Platin; ihre
Pflanzen sind der Löwen-
zahn und der Holunder, ihr
Duft ist der Lavendel. An Tie-
ren sind ihnen der Lachs,
die Möwe, der Reiher, der
Windhund und der Delphin
zugeordnet. Ihr Glückstag
ist der Samstag.

Die dritte Dekade des Wassermanns wird traditionell mit dem Sternbild Cygnus, der Schwan, verbunden, das inmitten des hellen Teils der nördlichen Milchstraße liegt. Die in diesem Zeitraum Geborenen sind nachdenkliche und gebildete Menschen.

Diese Dekade brachte so herausragende Persönlichkeiten der Geschichte hervor wie den früheren amerikanischen Präsidenten **Abraham Lincoln** (12. Februar 1809, Abb. re.), dessen größte politische Leistung die Abschaffung der Sklaverei in Amerika war, oder den Herrscher **Sahir eddin Babur** (14. Februar 1483, Abb. li.), ein Sohn des legendären Dschingis Khan, der die Dynastie der Großmoguln gründete und in der indischen Geschichte eine ähnlich bedeutende Rolle spielte wie Lincoln in der amerikanischen.

Aber auch berühmte Sportler feiern in diesem Zeitraum ihren Geburtstag: **John McEnroe** (16. Februar 1959), der dreifache Wimbledonsieger, und sein Landsmann **Michael Jordan** (17. Februar 1963), der Basket- und Baseballstar, der seine Karriere als einer der bestbezahlten Sportler der Welt beendete.

Weitere Stars sind der Amerikaner **John Travolta** (18. Februar 1954), der mit dem Film »Saturday night fever« Karriere machte; der Schauspieler **Matt Dillon** (18. Februar 1964) und **Robbie Williams** (13. Februar 1974), ehemaliges Mitglied der Gruppe »Take That«.

Auch die Modepäpstin **Mary Quant** (11. Februar 1934), die Erfinderin der Hotpants, gehört zu den Menschen, die in der dritten Wassermanndekade geboren wurden.

Auf dem Gebiet der Wissenschaft entwickelte der italieni-

14

sche Physiker **Alessandro Volta** (18. Februar 1745, Abb. re.) die Theorie vom elektrischen Strom. Ein anderer legendärer Elektrotechniker, der Amerikaner **Thomas Alva Edison** (11. Februar 1847), erfand Dinge, die die Welt verändern sollten – die Glühbirne und den Fonografen. Noch grundlegender waren die Veränderungen, die die Astronomen **Nikolaus Kopernikus** (19. Februar 1473) und

Galileo Galilei (15. Februar 1564) sowie der Biologe **Charles Darwin** (12. Februar 1809) ihren Zeitgenossen bescherten.

Ebenfalls in dieser Dekade wurde der Franzose **Auguste Mariette** geboren (11. Februar 1821, Abb. re.), der das Ägyptische Nationalmuseum gründete und Verdis »Aida« nach Kairo brachte.

Zwei sehr bemerkenswerte Kriminalschriftsteller gehören auch zu diesem Zeitraum: **Ruth Rendell** (17. Februar 1930), die unter dem Pseudonym Barbara Vine zur Königin des Rätselhaft-Mysteriösen aufstieg, und der belgische Schriftsteller **Georges Simenon** (13. Februar 1902, Abb. li.), der die Figur des wortkargen Pariser Kommissars Jules Maigret zu Weltruhm führte.

Am 17. Februar 1781 wurde der französische Arzt René Théophile Hyacinthe Laënnec geboren, der später das Stethoskop erfinden sollte. Diese Entdeckung verdankte er im Grunde seiner Schüchternheit: Als er die Herztöne einer Patientin abhören wollte, sich aber nicht traute, sein Ohr auf deren nackten Oberkörper zu legen, benutzte er ein zusammengerolltes Papier. Zu seiner Überraschung waren die Herztöne so viel besser wahrzunehmen!

Laënnec hatte seine medizinische Laufbahn 1799 als Armeearzt begonnen. Nach seiner Entdeckung des Stethoskops verbesserte er das Gerät noch, indem er an beiden Enden der Röhre trichterförmige Passstücke anbrachte. Die späteren Geräte waren dann genau wie die Passstücke aus Holz oder aus Elfenbein. Die Experimente, die Laënnec damit durchführte, galten in erster Linie dem Vergleich von Herz- und Lungengeräuschen bei Menschen, die an Krankheiten dieser Organe litten. Es interessierten ihn eventuelle Zusammenhänge zwischen diesen Krankheitsbildern. Deshalb gilt er heute auch weithin als »Vater der Herz- und Lungendiagnostik«. Nach weiteren Forschungen entwickelte er dann zwei verfeinerte Modelle des Stethoskops: ein zylindrisches Gerät, mit dem er nach stimmlichen Veränderungen suchte, und eines, das in eine geweitete Hörmuschel auslief. Mit letzterem konnte man nun alle Atemtöne und Rasselgeräusche in der Kehle abhören. 1819 stellte Laënnec sein neues Gerät, das er *Plectoriloc* nannte, an der medizinischen Akademie vor. Die meisten seiner Kollegen waren jedoch skeptisch, und die medizinischen Lexika seiner Zeit nannten es gar eine »nutzlose Erfindung«. Der Erste, der für das Hörrohr eintrat, war seltsamerweise der romantische Schriftsteller François-René Chateaubriand. Bereits im 5. Jahrhundert v. Chr. hatten Ärzte die inneren Organe abgehorcht, doch erst mit Laënnecs Erfindung war es nunmehr möglich, den Herzschlag von anderen Geräuschen in der Herzgegend zu isolieren, so dass er besser zu hören war. Die Erfindung war zwar durchaus nützlich, aber noch lange nicht perfekt. Viele Jahre lang konnte der Arzt seine Patienten nur mit einem Ohr abhören. Erst 1839 verbesserte der böhmische Arzt Joseph Skoda in Wien das Gerät so, dass man es mit beiden Ohren benutzen konnte: Er stattete es mit zwei Röhren aus. 1855 begann Doktor Camman aus New York dann mit der Herstellung des heute noch gebräuchlichen *binauralen Stethoskops*, das die Töne sozusagen in Stereo wiedergibt. Laënnec, der die Grundlage für all diese Fortschritte gelegt hatte, praktizierte weiter als Arzt. 1822 wurde er Professor am renommierten *Collège de France*, wo er bis zu seinem Tod im Jahr 1826 lehrte.

17

Am 17. Februar 1904 wurde eines der bekanntesten Werke des italienischen Komponisten Giacomo Puccini, **Madame Butterfly**, uraufgeführt – beim Premierenpublikum fiel es jedoch mit Pauken und Trompeten durch! Puccini, dessen Vorfahren schon seit vier Generationen Kirchenmusiker gewesen waren, hatte seine Karriere als Organist und Chordirigent begonnen, nach dem Besuch einer Aufführung von Verdis »Aida« in Pisa aber beschlossen, sich der Opernkomposition zuzuwenden. Nach einigen Kürzungen und Umarbeitungen wurde »Madame Butterfly« schließlich ein großer Erfolg.

Am heutigen Tag im Jahr 1905 verlor **Großfürst Sergei**, ein Verwandter von Zar Nikolaus II., bei einem Attentat sein Leben (Abb. o.).

Heute im Jahr 1862 regte der Genfer Kaufmann, Philanthrop und Schriftsteller Henri Dunant die **Gründung des Internationalen Roten Kreuzes** an. Unter dem Eindruck der Schlacht von Solferino, die er 1859 als Augenzeuge miterlebt hatte, beschloss er, etwas gegen das Leid der verletzten Soldaten auf beiden Seiten zu tun. Dunant veranlasste daher die Einberufung einer internationalen Konferenz, die im Oktober 1863 in Genf zusammentrat. Zweieinhalb Jahre später wurde schließlich die Genfer Kon-

vention unterzeichnet und die Gründung des Internationalen Roten Kreuzes beschlossen.

An diesem Tag des Jahres 1909 starb **Geronimo**, der gefürchtete Häuptling der Chiricagua-Apachen, in Fort Sill in Oklahoma. Man schrieb diesem Medizinmann und Propheten mit dem indianischen Namen Goyathlay (»jener, der gähnt«) übernatürliche Kräfte zu, und er war bereits zu Lebzeiten eine legendäre Gestalt. Geronimo stammte aus Neu-Mexiko. Seit er und

sein Volk in die Reservation getrieben worden waren, führte er einen erbitterten Kampf gegen die Weißen. Er übernahm das Kommando einer rebellischen Indianergruppe und überfiel Ranches. Später unterwarf er sich General Nelson Miles und wurde mit 340 seiner Männer nach Florida verbannt und zuletzt nach Fort Sill

gebracht, wo er noch zum Christentum bekehrt wurde, bevor er starb.

1973, am 17. Februar, kam das Album **Dark Side of the Moon** von Pink Floyd auf den Markt. Es hielt sich 741 Wochen in den amerikanischen Charts und brachte der britischen Gruppe damit den Durchbruch.

Heute im Jahr 1673 brach der französische Komödiendichter und Schauspieler **Molière** in der Rolle seines »eingebildeten Kranken« auf der Bühne zusammen. Kurz darauf starb er (ohne Abb.).

19

In der inneren Kammer des Grabes befand sich der einbalsamierte Körper des jungen ägyptischen Königs, der bereits 1337 v. Chr. im Alter von 18 Jahren gestorben war. Schon im Novem-

ber 1922, als Carter das Grab zum ersten Mal betreten hatte, war er völlig sprachlos gewesen. »Zuerst konnte ich überhaupt nichts sehen!«, erinnerte er sich später. »Die Kerzenflamme flackerte, als heiße Luft aus der Kammer entwich, dann gewöhnten meine Augen sich allmählich an die Dun-

kelheit, und ich konnte Formen erkennen – seltsame Wesen, Statuen, und überall glänzendes Gold!« Die Archäologen fanden in der Vorkammer Hunderte von Statuetten, daneben genug Saatgut für einen ganzen Garten, einen mit Elfenbein eingelegten Kinderstuhl aus Ebenholz, Bootspaddel, Ringe und andere Juwelen, einen Streitwagen sowie verschiedene Waffen. In der inneren Grabkammer stand ein Steinsarkophag, der von vier vergoldeten

Holzschreinen umschlossen war. In seinem Inneren fand man noch drei weitere

Der 17. Februar 1923 ist mit einem der bedeutendsten Ereignisse in der Geschichte der Archäologie verbunden: An diesem Tag gelang es Howard Carter, eine Öffnung in die Mauer zwischen Vorkammer und innerer Kammer von Tutanchamuns Grab zu schlagen und jenes Heiligtum zu betreten, in dem er den Lohn für all seine Mühen fand.

Sarkophage, die wie russische Puppen ineinander geschachtelt waren, wobei die ersten beiden aus vergoldetem Holz gefertigt waren, das mit Juwelen verziert war. Der letzte Sarkophag, der schließlich die Mumie enthielt, bestand aus massivem Gold. Eine mögliche Erklärung dafür, dass das Grab über 3.000 Jahre ungestört blieb, könnte sein, dass Tutanchamun als ein unbedeutender Pharao galt und sich Plünderer deshalb nicht für seine letzte Ruhestätte interessiert hatten.

21

Jeden Monat – manchmal sogar jeden Tag – werden Dinge erfunden, die unser tägliches Leben verändern. Auch der Februar bildet da keine Ausnahme.

Am 16. Februar 1937 ließ sich der Wissenschaftler Dr. Wallace Hume Carothers seine neue Kunstseide, das **Nylon**, patentieren. Es sollte eine der wichtigsten Textilfasern unseres Jahrhunderts werden. 1939 fertigte man dann die ersten Nylonstrümpfe (Abb. li. o.).

Der äußerst vielseitige amerikanische Erfinder Thomas Alva Edison stellte am 19. Februar des Jahres 1878 seinen **Walzenfonografen** vor (Abb. li. u.).

Im Februar des Jahres 1871 wurde in einer Drogerie in Hoboken (New Jersey) der erste **Kaugummi** verkauft. Sein Erfinder war der Fotograf Thomas Adams, der sich die Idee bei dem mexikanischen General Santa Anna abgeschaut hatte. Als es dann ab 1875 Kaugummis mit Aromastoffen gab, zog der Verkauf gewaltig an.

Am 25. Februar 1836 ließ sich der amerikanische Techniker Samuel Colt seinen berühmten **Colt .45** patentieren. Als ihm die Idee zu einer repetierenden Waffe mit einer drehbaren Kammer kam, war er noch keine 20 Jahre alt. Wenige Jahre später gründete er eine Firma für die Produktion des »Revolvers«, wie seine Erfindung auch genannt wurde.

In der Februarausgabe des »Food-Health«-Magazins wurden die von Dr. John Kellogg erfundenen Weizenflocken vorgestellt, die ersten **Frühstücksflocken** aus Getreide. Drei Jahre später führte Dr. Kelloggs Bruder William die »Cornflakes« ein.

Außerdem erhielt Andrew Becker am 10. Februar 1715 das Patent für den ersten **Taucheranzug**; am 12. Februar 1824 bot

J. W. Goodrich die ersten **Gummistiefel** an, und P. Boyle veröffentlichte am 1. Februar 1792 in London das erste **Straßenverzeichnis**.

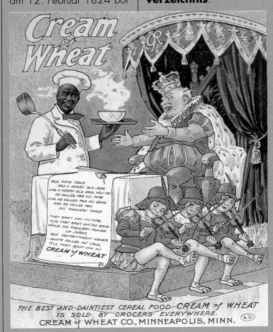

THE BEST AND DAINTIEST CEREAL FOOD—CREAM of WHEAT IS SOLD BY GROCERS EVERYWHERE.
CREAM of WHEAT CO., MINNEAPOLIS, MINN.

23

Die Tropen erstrecken sich vom Wendekreis des Krebses bis zu dem des Steinbocks. Dort gibt es keinen Winter wie bei uns, und einen großen Teil des Jahres herrscht warmes Wetter. Die Tage sind in den Tropen zu allen Jahreszeiten fast gleich lang.

Im Winter ist die Natur wie erstarrt. Die Tage sind kalt und kurz, der Boden ist hart und das Futter knapp. Die Säugetiere halten Winterschlaf, viele Vögel ziehen in Richtung Süden. Doch der englische Dichter Shelley meint: »Wenn der Winter kommt, kann da der Frühling noch fern sein?«

Der Rote Kardinal, den man an seinem Schopf und seinem leuchtenden Gefieder leicht erkennen kann, besucht im Winter in Nordamerika regelmäßig die Futterplätze. Ein frecher kleiner Vogel ist der in ganz Europa und Asien heimische Spatz. In Japan schließen sich die Spatzen im Winter zu riesigen Schwärmen zusammen, die sogar in dicht besiedelte Gebiete einfallen. Die Amsel singt zwar sehr schön, vernichtet aber Frucht und Saat, wenn der Boden zu hart ist, um darin nach Würmern zu graben.

Das bei uns sehr beliebte Rotkehlchen wird im Winter kühn und wagt sich bis auf die Fensterbretter vor.

25

Viele Feste, die im Februar begangen werden, sind international. Verliebte auf der ganzen Welt sollten rechtzeitig einen Tisch für zwei bestellen, wenn sie ihre Liebe am Valentinstag (14. Februar, Abb. Mitte) feiern wollen. Die Katholiken der ganzen Welt bereiten sich auf die Fastenzeit vor, und da Enthaltsamkeit nicht leicht fällt, wird vorher kräftig gefeiert. In manchen europäischen Ländern war der Faschingsbeziehungsweise Fastnachtsdienstag traditionell der Tag, an dem die Milch, Butter und Eier, die sich noch in der Küche fanden, aufgebraucht wurden. Deshalb heißt er bis heute in England »Pancake Day« (Pfannkuchentag). Für den Karneval (Abb. u.), der in der letzten Woche vor der Fastenzeit stattfindet, werden weltweit rauschende Feste vorbereitet. In Rio de Janeiro (Brasilien) arbeitet man das ganze Jahr über an den Kostümen für dieses glanzvolle Ereignis, und die Sambaschulen üben komplizierte Tänze für das große Finale im Sambadrome ein — einem riesigen Stadion, in dem sich dann 85 000 Zuschauer drängen. Auf Haiti ziehen Rara-Gruppen durch die Straßen und gießen Trankopfer aus Rum in alle vier Himmelsrichtungen.

Venedig wird in die Vergangenheit zurückversetzt und von eleganten Harlekinen und Pierrots bevölkert. Am längsten feiern jedoch die Einwohner der französischen Stadt Nizza: Dort dauert der Karneval vom ersten »Lichterballett«, bei dem 30 000 Glühbirnen leuchten, bis zum letzten Maskenball fast drei Wochen. Beim japanischen Setsubun am 3. Februar, dem Tag vor Frühlingsbeginn, wirft man mit gerösteten Bohnen, um am Ende des Winters die bösen Geister auszutreiben. In Vietnam und China begrüßt man das neue Jahr im Februar. Das Fest richtet sich nach

dem Mondkalender und steht meist zwischen Ende Januar und Mitte Februar an. Die vietnamesischen Tet-Feiern (Abb. S. 26 o.) dauern eine Woche; am wichtigsten ist aber der erste Tag, denn er entscheidet über das ganze folgende Jahr. In China schließt sich an die Neujahrsfeierlichkeiten das Laternenfest an, bei dem man mit Fackeln nach himmlischen Geistern sucht, die im Licht des ersten Vollmonds des Mondjahres durch die Luft fliegen. In den katholischen Häusern hingegen werden an Lichtmess (2. Februar) Kerzen entzündet, um den Besuch Ma-

rias mit dem Jesuskind im Tempel von Jerusalem zu feiern, als »ein Licht, das die Heiden erleuchtet«.

Und schließlich strömen am Schneefest Yukimatsuri (5.–11. Februar, Abb. u.) zwei Millionen Touristen in die japanische Stadt Sapporo. Dort werden jedes Jahr zu einem festgelegten Thema riesige Eisskulpturen geschaffen, die oft mehrere Stockwerke hoch sind.

❶ Motiv ausschneiden

❷ Maske fixieren

❸ Maske bemalen

Material:

Gesichtsmaske aus Kunststoff
Karton (mittelstark)
Rundholz (40 cm lang)
Klebestreifen
Tapetenkleister
Zeitungspapier
Weiße und goldene Farbe
Bleistift
Pinsel
Cutter

1. Maskenmotiv ausschneiden
Die Maske auf den Karton legen und rundum eine unregelmäßige Sonne beziehungsweise den Mond aufzeichnen. Kontur ausschneiden.

2. Maske auf dem Motiv fixieren
Zeitungspapier in circa 4 x 15 cm große Streifen reißen, durch den angerührten Tapetenkleister ziehen und die Sonne mit der Maske in mehreren Schichten bekleben.

3. Maske bemalen
Nach dem Trocknen den Karton hinter der Maske herausschneiden. Die Maske rundum mit Klebestreifen auf der Pappe fixieren. Maske weiß streichen und anschließend mit goldener Farbe verzieren. Den Haltestab mit Klebestreifen auf der Rückseite befestigen.

Auch jedes andere Maskenmotiv, beispielsweise ein Tierkopf oder eine Blume, lässt sich so gestalten.

Februardämmerung

Mit weißen Blumen am Fenster
lockt der Februar den Wintermüden hinaus.
Den schaudert's erst noch, aber schon bald
zieht ihn das bunte Treiben davon!